AF253662

ELOGE HISTORIQUE
DE JEAN-JACQUES
LAMARQUE,

VICAIRE GÉNÉRAL DU DIOCÈSE DE BAYONNE;

SUIVI

D'UNE NOTICE SUR LA VIE

DE M. L'ABBÉ BILHÈRE,

SUPÉRIEUR GÉNÉRAL DES MISSIONS ÉTRANGÈRES.

PAR M. L'ABBÉ DESMAZURES,

PRÉDICATEUR, CHANOINE HONORAIRE DE BAYONNE ET DE TOULOUSE.

Ouvrage dédié aux fidèles du diocèse de Bayonne, et en particulier au clergé et aux fidèles du diocèse d'Aire.

Bonum certamen certavi, cursum consummavi, fidem servavi; in reliquo reposita est mihi corona justitiæ.

2. Timoth. IV.

A PARIS,

Chez ADRIEN LE CLERE, Imprimeur de l'Archevêché de Paris, et de la Cour d'Appel, quai des Augustins, n°. 35.

1809.

ÉPITRE DÉDICATOIRE

Au clergé, à tous les fidèles du diocèse de Bayonne, et particulièrement au clergé et à tous les fidèles du ci-devant diocèse d'Aire.

Messieurs,

J'ai considéré comme l'un de mes devoirs de vous présenter l'hommage d'un écrit consacré à mettre dans tout leur jour les vertus et les heureux résultats des travaux d'un saint prêtre, que le zèle du salut de ses frères tourmentoit sans cesse, d'un saint prêtre, dont les vertus, malgré la modestie dont il les voiloit, vous ont tous édifiés, et ont édifié une grande partie des fidèles des contrées voisines. Tous ceux qui survivent à l'abbé Lamarque jouissent et jouiront long-temps encore du fruit de ses travaux, de ses bienfaits. La bonne odeur de ses vertus se maintient au milieu de vous. Vous attesterez, Messieurs, la véracité des faits que je rapporte à tous ceux qui n'ayant pas eu le bonheur de connoître l'abbé Lamarque, pourroient douter de leur exactitude. Ainsi vous pourrez contribuer à les faire marcher, d'un pas ferme, dans les voies du Tout-puissant.

Quoi de plus propre à l'édification, ainsi qu'à l'encouragement de ceux qui sincèreument désirent entrer dans les sentiers qui conduisent à la Jérusalem céleste, que les exemples continuels de sainteté, de bienfaisance et de charité, donnés pendant le cours d'une longue vie, par un homme dont la vertu sans faste avoit su se rendre aimable, dont la piété étoit attirante, dont le zèle à se livrer à toutes sortes de biens étoit infatigable, et dont le savoir étoit immense. En faisant ici une esquisse rapide des vertus, des actions, en un mot de toute la vie de l'abbé Lamarque, je ne suis pas sans m'apercevoir que j'esquisse aussi le portrait de tous ceux que j'ai connus parmi vous. Comme je sais que vous avez, ainsi que le saint prêtre que nous regrettons, autant de modestie que de vertus, et que je suis bien éloigné de blesser cette modestie, je renfermerai en moi-même tout ce que mon cœur pour vous pourroit m'inspirer encore.

Recevez, Messieurs, les assurances du respect avec lequel je suis,

Votre très-humble serviteur,

DESMAZURES, chanoine honoraire de Bayonne et de Toulouse.

AVERTISSEMENT.

J'AUROIS voulu rendre cet Eloge digne du respectable ministre des autels auquel il est consacré; j'aurois voulu le rendre complet en recueillant tous les faits que son édifiante modestie cherchoit à dérober à la connoissance de ses proches et de ses amis : mais engagé dans une carrière apostolique qui exige tous mes instans, toutes mes veilles, je n'ai pu rapporter qu'une partie des faits dont je fus l'heureux témoin, ayant eu le bonheur de jouir de toute sa confiance.

Je n'ai pas cru qu'il fallût, pour faire l'éloge d'un prêtre simple et modeste, autant qu'il étoit vertueux et savant, un grand appareil de style, ni une grande pompe oratoire. L'exposition de ses actions et de toute sa conduite suffira pour rendre cet Eloge capable de procurer à ceux qui le liront de grands sujets d'édification, et pour rappeler à tous ses amis (et le nombre en est grand), tous les faits qu'ils ont eu occasion d'admirer. Dans cet Eloge on trouvera le langage du cœur, et d'un cœur reconnoissant et sensible. On y trouvera le langage de la douleur vive et profonde que la perte de ce bienfaiteur m'a fait ressentir : et comme on l'a dit dans l'éloge d'un saint évêque, mort il y a quelques années, les lecteurs s'apercevront bien que j'étois plus occupé de répandre des larmes que des fleurs sur la tombe de mon respectable ami.

NOTE DE L'ÉDITEUR.

Non-seulement M. l'abbé Desmazures auroit voulu rendre plus complet l'Eloge de M. l'abbé de Lamarque, ainsi que la Notice sur M. l'abbé Bilhère, qui est ensuite de l'Eloge ; mais il auroit désiré faire paroître son ouvrage beaucoup plutôt. Il n'a pu remplir ses intentions à cet égard ; ses nombreuses occupations s'y sont constamment opposées. Il a prêché le carême à l'église métropolitaine. Dans le même temps il a prêché extraordinairement dans plusieurs autres églises de Paris et des environs. Ensuite, et avant son départ pour Nismes, pour Toulon, et plusieurs autres villes du midi de l'Empire, il avoit été prêcher à Fécamp pendant la durée d'une mission longue et fatigante, et il a été obligé à plusieurs autres courses apostoliques, etc. etc.

ÉLOGE

HISTORIQUE

DE M. L'ABBÉ

LAMARQUE.

Jean-Jacques LAMARQUE naquit le 7 septembre 1737, à Saint-Séver (département des Landes), de parens respectables chez lesquels la droiture, les vertus, les talens étoient comme héréditaires, et se faisoient remarquer dans une ville célèbre par un grand nombre d'hommes recommandables par leurs lumières qu'elle a produits. Les progrès du jeune Lamarque, dans les lettres et les sciences, furent rapides. Un esprit droit, un jugement sain, une ardeur peu commune pour le travail, une grande attention à faire un sage et bon emploi du temps, et plus que tout cela encore, le désir de se rendre utile un jour:... toutes ces circonstances concouroient à accélérer les progrès de celui que la Providence destinoit à diriger bientôt tant d'estimables ouvriers de la vigne du Seigneur.

Promu jeune encore au sacerdoce, il se distin-

A

gua dans cette pénible mais honorable carrière.
Il remplit avec un zèle soutenu, et d'une manière aussi distinguée qu'édifiante, toutes les fonctions de son saint ministère. Il fut nommé directeur et ensuite supérieur du séminaire du ci-devant diocèse d'Aire, aujourd'hui faisant partie de celui de Bayonne. Non content de remplir, comme il savoit le faire, les fonctions pénibles de directeur et ensuite d'administrateur, il ne se bornoit point au séminaire de son diocèse; son active charité lui faisoit parcourir ceux des diocèses environnans. Dans tous il alloit répandre de solides instructions, dans tous il alloit donner l'exemple de la piété, du zèle et des bonnes mœurs. Qui pourroit nombrer les excellens prêtres que ses lumineuses et doctes conférences ont formés? Tous se sont distingués par une piété exemplaire, par des mœurs irréprochables, par toutes les connoissances qu'exige le redoutable ministère des autels et de la divine parole. Instruits à l'école d'un si grand maître, pouvoient-ils n'être pas pieux et modestes, charitables et éclairés? Tant de talens, tant de vertus n'échappèrent point, malgré sa constante modestie, aux yeux de ses supérieurs ecclésiastiques. Le respectable évêque du diocèse d'Aire ne crut rien faire de plus utile pour l'instruction et pour la sanctifi-

cation du troupeau qu'il dirigeoit, qu'en asso-
ciant M. Lamarque d'une manière plus particu-
lière et plus intime à ses travaux apostoliques. Il
le choisit pour l'un de ses vicaires généraux. Cette
nouvelle dignité ne fut pas plus que les autres,
ni le fruit de l'intrigue, ni le résultat de demandes et de démarches, que l'homme de Dieu, dont
je célèbre la mémoire, n'auroit pas voulu se permettre dans la crainte de perdre un seul instant,
dans la crainte de négliger une seule des nombreuses occasions, qu'il savoit trouver et faire naître, de signaler son active charité, et d'augmenter
le nombre des vrais serviteurs de Dieu.

Telles étoient les occupations de ce saint ecclésiastique, lorsque des nuages amoncelés par
ces terribles ouragans qui excitèrent les tem-
pêtes révolutionnaires, dont nous avons été les
tristes témoins, faillirent occasionner la sub-
mersion du vaisseau de l'Etat. Alors que ces
grands mouvemens se manifestèrent, que la
proscription étendit ses ravages, l'abbé Lamarque eut le courage de se séparer de tout ce qui
lui étoit cher. Il est forcé d'interrompre le cours
de ses salutaires instructions, il est forcé d'abandonner les jeunes lévites qu'il dirigeoit, de les
livrer pour ainsi dire sans défense à toutes les
séductions, à tous les piéges, à toutes les tenta-

tions que l'inexpérience et la timidité pouvoient rendre pour eux si dangereuses. Il eut cependant, et nous nous hâtons de le dire, il eut la consolation de voir que Dieu avoit tellement béni ses travaux, que ses instructions avoient jeté de si profondes racines dans les cœurs, que tous ceux qu'il avoit instruits et dirigés, restèrent fidèles à leurs devoirs.

Obligé de changer souvent de retraite et d'asile, obligé de se soustraire aux persécutions autant pour épargner un crime à ceux qui le poursuivoient avec le plus cruel acharnement que pour se conserver en faveur de ceux dont ses touchantes et saintes exhortations dirigeoient la piété et soutenoient la ferveur, l'abbé Lamarque, du fond des obscurs souterrains où souvent il fut réduit à s'ensevelir, du milieu des épaisses forêts au sein desquelles il fut contraint de chercher des asiles, surveilloit le troupeau à la conservation duquel il s'étoit consacré; il répandoit de salutaires instructions; il éclairoit les consciences; il soutenoit les foibles; il dirigeoit et affermissoit ceux qui paroissoient chancelans. Tels étoient ses travaux, lorsque la Providence conduisit mes pas dans ces régions, où il s'occupoit avec tant d'ardeur à extirper l'ivraie, que des esprits de ténèbres et de mensonge s'efforçoient de faire croître dans les champs du Seigneur. Moment heureux, moment fortuné, non je ne t'oublierai jamais! Quels salutaires conseils je reçus de cet homme de Dieu; de quels périls ne m'a-t-il pas préservé! Qu'il me paroissoit vénérable, qu'il me paroissoit brillant d'une solide et véritable grandeur, lorsque je voyois cet apôtre, refugié sous le chaume, dans les plus obscures demeures, captiver les égards, les respects et l'admiration de tous ceux qui avoient le bonheur de l'approcher! Sa piété étoit d'autant plus attirante qu'il savoit la rendre plus compatissante et plus aimable. Ni les tribulations ni les chagrins n'altérèrent jamais son affabilité. Sévère pour lui-même, il ne compatissoit qu'aux maux des autres; et la vive satisfaction qu'il éprouvoit à les soulager, lui faisoit oublier ceux qu'on cherchoit à accumuler sur ses pas.... Mais tandis que ces nuages affreux, qui se rassembloient de tous les points de l'horizon politique, sembloient devoir continuer encore long-temps d'enfanter ces orages qui ne cessoient de bouleverser la France, paroît enfin le grand NAPOLÉON, cet homme extraordinaire, que la Providence destinoit à relever nos autels, ainsi qu'à réparer les maux innombrables sous le poids desquels gémissoit la France entière. NAPOLÉON règne.... Aux jours de deuil, de terreur et de mort, succèdent des jours d'ordre et de paix. Alexandre Méchain est envoyé comme préfet dans le département des Landes.... Méchain, fidèle dépositaire de la puissance et de la confiance du héros auquel la Providence avoit remis les rênes de l'Etat, signale les commencemens de son administration par briser les fers des ecclésiastiques incarcérés, par assurer le retour de ceux qui s'étoient vus obligés de se soustraire aux perquisitions multipliées, qu'on avoit dirigées contre eux, par procurer à tous la liberté de se rendre auprès de leurs proches, de leurs amis, dans le sein de leurs familles, et ce qui étoit plus important, auprès des fidèles qui si long-temps avoient été privés de leurs salutaires exhortations. Méchain se concerte avec l'abbé Lamarque pour faire jouir plus promptement ses administrés de tous les avantages qui doivent résulter pour eux des bienfaisantes intentions du magistrat suprême de l'Etat. L'union la plus parfaite régnoit entre ces deux hommes rares. La paix de l'Eglise, qui a tant d'influence sur la paix intérieure, ainsi que sur la prospérité et le bonheur du corps politique, fut l'heureux résultat de cette union. Cette heureuse harmonie entre le saint prêtre et M. le préfet, dura constamment; elle dura jusques à l'instant où ce sage administrateur fut appelé par l'autorité suprême à des fonctions plus importantes que celles qui lui avoient d'abord été confiées. Son départ inspira des regrets universels aux ecclésiastiques, ainsi qu'à tous les habitans du département des Landes.... Grâce aux soins assidus de l'abbé Lamarque, grâce aux secours mutuels que se prêtoient les autorités ecclésiastiques et civiles, le diocèse d'Aire présentoit le tableau le plus satisfaisant : tout y étoit calme, et la plus touchante harmonie régnoit parmi tous les habitans de ces contrées. M. l'abbé Lamarque avoit associé à ses travaux un autre lui-même, M. l'abbé de Basquiat, grand archidiacre du ci-devant diocèse d'Aire. Les talens, les vertus, le zèle de ce respectable coopérateur son ami, étoient bien capables d'accélérer le succès de ses importantes opérations (1). En vertu du Concordat, par lequel Sa Majesté l'Empereur avoit rétabli le culte en France, l'évêque de Bayonne se rend dans son diocèse qui comprenoit celui d'Aire. L'abbé Lamarque se réjouit de l'arrivée de ce prélat. Que le motif de sa joie relève grandement sa rare et son inaltérable modestie! Il ambitionnoit d'être placé comme aumônier dans un hôpital, dans un de ces lieux de douleurs et de

---

(1) M. de Basquiat mourut avant M. Lamarque. Il fut généralement regretté.

misères, où la mort semble avoir plus particulié-
rément établi son redoutable empire, dans un de
ces lieux qui contrastent si étrangement avec ceux
où les grandeurs humaines déploient toutes les re-
cherches du faste et de la somptuosité, dans un de
ces lieux où les malheureux qu'ils récèlent ont
d'autant plus besoin de consolations, qu'ils ont
plus souvent éprouvé tous les assauts de l'infor-
tune et de la détresse, toutes les dures atteintes du
malheur. Ainsi ce prêtre vénérable, qui avoit
formé tant d'excellens ouvriers pour la vigne du
Seigneur, toujours tourmenté du désir d'augmenter le nombre des vrais adorateurs de Jésus-Christ,
mettoit toute son ambition à consacrer ses derniè-
res années à porter des consolations dans ces ames
brisées par les plus violentes secousses du malheur, et par les angoisses et les vives douleurs qui
souvent précèdent les horreurs du trépas. Dans
d'autres instans il nous disoit qu'il espéroit que la
présence du respectable prélat alloit lui procurer
la facilité de se consacrer à la retraite, afin de pouvoir mettre, suivant lui, un intervalle entre la
vie et la mort. Cet homme de paix, cet homme
éminemment modeste, ne croyoit pas que ses
nombreux travaux dans le saint ministère, que
l'exemple de toutes les vertus sacerdotales qu'il
avoit donné, et que sa vie toute remplie d'œu-

vres méritoires, fussent une suffisante préparation à la mort, à ce passage redoutable qui nous lance dans l'éternité. Mais Dieu, qui prévoyoit combien le zèle et les vertus de l'abbé Lamarque seroient utiles à la religion, ne permet pas que les modestes désirs de cet infatigable apôtre fussent exaucés. Le respectable pontife, qu'une réputation méritée de douceur et de bonté avoit précédé dans le diocèse dont il venoit prendre la direction, est à peine arrivé à Mont-de-Marsan qu'il appelle auprès de lui l'abbé Lamarque, et lui offre une place de vicaire général. Ce saint prêtre la refuse : son évêque insiste fortement, parce qu'avant son départ de Paris ce respectable ecclesiastique lui avoit été présenté par un prélat (1), aussi modeste qu'éclairé, qui fait les délices et le bonheur de son diocèse, comme l'homme le plus capable de le seconder efficacement dans la conduite du troupeau qui venoit de lui être confié. L'abbé Lamarque, aussi soumis que modeste, reconnoît la voix du Dieu puissant au service duquel il avoit consacré ses travaux. Il accepte d'être grand-vicaire; il ne pense plus à la retraite à laquelle il avoit résolu de se consacrer; il cède aux désirs de son évêque, et le gouvernement ap-

______

(1) M. Dombidau de Crouseilles, évêque de Quimper.

prouve ce choix judicieux. Tous les ecclésiastiques du diocèse, tous les fidèles, tous les vrais
amis de la religion et de l'ordre sont dans la joie :
leurs espérances se raniment, tous applaudissent
également au discernement du respectable prélat,
à la généreuse résignation de l'abbé Lamarque, et
à la sage approbation d'un gouvernement éclairé.
Aussitôt après sa nomination, il accompagne son
évêque dans les courses qu'il avoit à faire pour
établir un plus grand ordre dans tous les points
de son immense diocèse, en se concertant avec les
autorités civiles. Comme on connoissoit la confiance que le vénérable prélat avoit placée dans
l'abbé Lamarque, c'étoit à celui-ci que s'adres-
soient les innombrables demandes de tous ceux
qui avoient des prétentions. Il en étoit accablé.
Mais il avoit trop de franchise et de loyauté pour
se permettre de les flatter d'aucun espoir si leurs
demandes n'étoient pas fondées sur la plus rigou-
reuse justice. Il sut rester inébranlable ; il sut être
inaccessible à tous les genres de séduction ; il sut
mériter constamment, et il obtint toujours cette
confiance dont il étoit si digne.

Quand on traite avec les hommes, l'esprit le
plus éclairé, le plus conciliateur ne peut se flatter
de porter toujours la conviction dans les esprits.
L'abbé Lamarque n'eut pas toujours la satisfaction

ni le bonheur d'éviter des discussions. Plusieurs des autorités avec lesquelles il avoit à traiter, tentèrent de s'opposer à ses vues. Il n'a jamais fléchi toutes les fois qu'il fut persuadé de la justice de la cause qu'il soutenoit. S'il ne réussit pas toujours à porter la conviction dans les esprits, toujours il eut l'avantage d'obtenir de ceux avec lesquels ses différentes missions le mirent en relation, et leur considération, et leur bienveillance, et leurs respects.

Quand il fut question de rétablir le séminaire diocésain, l'abbé Lamarque fut choisi par son évêque pour diriger une grande partie de cette opération si importante, si nécessaire pour fournir à l'église des ministres vertueux et éclairés. La confiance du prélat fut complètement justifiée, et ses espérances furent remplies ; de manière que ce séminaire peut être considéré comme l'un de ceux de toute la France qui sont les mieux organisés. Tant fut judicieux le choix du supérieur et des directeurs.

Comme dans le diocèse d'Aire, qui maintenant fait partie de celui de Bayonne, tous les ministres du Seigneur étoient plus particulièrement connus de l'abbé Lamarque, qui avoit guidé leurs premiers pas dans la carrière du saint ministère : comme il étoit né dans cette contrée, dont il connoissoit les localités, ce digne et vertueux ecclésiastique parut porter ses principales attentions sur cet ancien diocèse. Il releva de ses ruines l'ancien séminaire d'Aire ; il en confia la direction à des maîtres dont il connoissoit d'autant mieux les talens et les vertus, qu'ils avoient été formés sous ses yeux. Il eut la consolation de voir cette institution, qui avoit pour objet principal de préparer les sujets qui se disposoient à embrasser l'état ecclésiastique, à entrer dans le séminaire diocésain , il eut, dis-je, la satisfaction de voir cet établissement prospérer, et répondre parfaitement à ses désirs. La ville de Saint-Séver vit former dans ses murs un établissement semblable, mais moins spécialement destiné à former des ministres du Seigneur. L'abbé Lamarque influa beaucoup dans l'organisation de cette institution, qui eut des succès aussi brillans que celle d'Aire.

Pénétré des biens incalculables, dont de vertueuses mères peuvent être l'origine dans les familles où elles répandent à la fois, et de salutaires préceptes, et des exemples de modestie, de sagesse et de vertu, qui germent et fructifient dans les ames neuves des enfans, dans leurs jeunes cœurs que la corruption n'a point encore attaqués, l'abbé Lamarque fonda, dans les villes d'Aire et de S.-Séver, deux institutions pour de jeunes demoiselles.

Les mêmes attentions dans le choix des maîtresses
et des supérieures, la même sagacité, le même discernement qui avoient présidé au choix des supérieurs et des maîtres des deux institutions en
faveur des jeunes gens, procurèrent les mêmes
succès de toutes les contrées voisines. Les parens
qui veulent donner une éducation chrétienne à
leurs filles, les parens qui désirent que leurs
filles soient ornées de toutes les vertus, s'empres-
sent de les placer dans ces saintes maisons. Qui
pourroit calculer tous les biens dont ces deux salutaires institutions pourront être l'origine? qui
pourroit méconnoître combien les saintes et solides instructions données dans ces deux maisons
serviront de contre-poison (qu'on nous passe ce
terme) à tant de ces éducations mondaines qu'on
reçoit dans des écoles dont on vante la célébrité,
à tant de ces éducations données dans des maisons
qu'on ne diroit instituées que pour former des
femmes de théatre, des musiciennes, des femmes
mondaines en un mot; mais dans l'établissement
desquelles on ne voit rien de ce qui peut servir à
former de bonnes chrétiennes, des épouses fidèles, des mères de famille respectables, capables
de se faire écouter avec fruit, quand elles chercheront à inculquer à leurs enfans les sentimens
de bienfaisance, d'humanité, de grandeur d'ame,

de courage et d'amour de sa patrie, qui doivent distinguer les hommes honnêtes, et principalement tous les François.

Plaise au ciel que ces réflexions inspirent aux chefs de ces maisons le désir et la résolution de s'empresser de réprimer d'eux-mêmes et de faire disparoître ces abus.

M. l'abbé Lamarque avoit senti toutes ces vérités; il en avoit conçu toute l'importance, et moi-même je la ferois mieux concevoir à mes lecteurs, si la grande modestie de cet homme respectable lui avoit permis de publier ses idées sur cet important objet de l'éducation des filles, et si même ses nombreuses occupations lui avoient laissé le loisir de se livrer à ce travail.

L'abbé Lamarque, après avoir passé de longues années, toutes remplies de bonnes œuvres, toutes rendues utiles par des travaux continuels pour faire en sorte de raffermir ou de ramener les fidèles chancelans ou égarés, pour les éclairer tous, pour les édifier tous, pour les diriger tous dans les voies du salut, venoit dans le séminaire d'Aire, qu'il avoit relevé de ses ruines; il venoit encourager les jeunes lévites qui dans cette sainte institution se formoient aux vertus, si nécessaires à ceux qui se destinent au ministère des autels, non-seulement pour persister dans la pratique de ces vertus, mais encore pour s'y perfectionner de plus en plus.... Il venoit témoigner toute sa satisfaction aux sages et vertueux supérieurs qu'il avoit institués ; il venoit applaudir au zèle, aux heureux efforts des jeunes lévites que dirigeoient ces sages pour répondre dignement aux vœux de leur fondateur, ainsi qu'aux soins si touchans, si assidus de leurs respectables directeurs ; il venoit avec la consolation d'avoir béni l'union de Mlle. Lamarque sa nièce (1), avec M. Ducasse (c'étoit bien l'union de la modestie et de la douceur avec les plus éminentes vertus).

Dans la route il s'occupoit de la douce pensée de revoir cet établissement pour lequel il avoit entrepris tant de travaux, et auquel il avoit consacré tant de soins. Il avoit dans ce voyage pour compagnon un estimable ami, jeune, mais qui étoit selon son cœur (2). Ils s'approchoient du terme de leurs désirs ; bientôt ils alloient pouvoir distinguer cette ville où tendoient leurs vœux. Tout à coup, près du bourg de Cazères, le saint abbé Lamarque est frappé d'une attaque d'apo-

____

(1) Elle est sœur du général de division Lamarque, chef de l'état-major de l'armée françoise à Naples, grand dignitaire de l'ordre des Deux-Siciles, militaire infiniment distingué par ses connoissances, ses talens et ses vertus.

(2) M. de Mau, natif d'Aire, avocat déjà très-distingué.

plexie. Le coup dont il fut atteint eut la rapidité et la violence de la foudre. Il chancelle ; il fut tombé de dessus son cheval, si son jeune et estimable ami ne l'eût soutenu.

Le bruit du coup fatal qui avoit frappé l'abbé Lamarque se répand aussitôt ; tout le monde s'empresse, pour lui offrir des secours, pour montrer combien étoit grand l'intérêt qu'il inspiroit généralement à tous les habitans de la contrée. Un respectable pasteur s'empresse de venir lui administrer les secours spirituels et les consolations de l'Eglise ; il reçut l'extrême-onction avec les sentimens de la plus ardente piété. Il ne put exprimer par des paroles combien étoient vives son espérance et sa foi ; mais la sérénité de son visage, les feux les plus purs du saint amour de Dieu qui brilloient dans ses yeux, firent suffisamment connoître à tous ceux qui étoient les témoins d'une si touchante cérémonie, les pieux sentimens dont son ame étoit remplie.

Ce saint homme serra le bras du vénérable pasteur qui venoit de lui administrer l'extrême-onction, comme pour lui témoigner qu'il adhéroit entièrement à tout ce qu'il venoit de lui dire.... Ce fut le dernier acte de la vie mortelle de ce digne ministre des autels.... Il n'étoit déjà plus, qu'on croyoit qu'il respiroit encore ; il étoit déjà jugé et

admis

admis au séjour du bonheur éternel, que l'illusion produite par le désir de le conserver faisoit
croire aux assistans qu'il étoit encore du nombre
des habitans de la terre. Mais l'illusion se dissipa,
et l'on ne fut que trop certain que sa dépouille
mortelle restoit seule sur cette terre qu'il avoit si
long-temps édifiée par ses vertus, éclairée par ses
lumières (1). Alors les regrets, les gémissemens et
les sanglots éclatèrent : la nouvelle de cette mort
se répandit dans toute l'étendue du vaste diocèse
dont il avoit été si long-temps l'une des sources
les plus abondantes et les plus fécondes d'instruction. Les mêmes gémissemens, les mêmes regrets, les mêmes sentimens de douleur et de déso-
lation qui avoient éclaté parmi ceux qui furent
les témoins des derniers instans de l'abbé Lamarque, se manifestèrent dans toutes les contrées d'a-
lentour. Toutes les classes de citoyens, les per-
sonnes de tout âge et de tout sexe, exprimèrent,
de la manière la plus touchante, combien ils
regrettoient la perte que la religion, les pau-
vres, et toutes les familles venoient de faire. Il
n'est donc plus cet homme de Dieu. Son tombeau est érigé dans l'endroit même où pendant
trente ans il avoit dirigé les promenades des jeu-

---

(1) Il mourut le 24 janvier, à dix heures du matin.

nes lévites, qui, dans le séminaire d'Aire, se dis-posoient à remplir les redoutables et importantes fonctions du ministère. Ce tombeau leur rappel-lera, il rappellera encore à leurs successeurs, les talens, le zèle et la piété de leur vertueux fonda-teur. En priant pour lui, en méditant près du mo-nument qui renferme sa dépouille mortelle, ils s'affermiront dans l'exercice des devoirs que leur impose l'état auquel ils se destinent; ils s'affermi-ront dans l'exercice des vertus qu'ils doivent join-dre aux instructions par lesquelles ils chercheront à garantir les fidèles confiés à leurs soins, des dan-gers de cette fausse sagesse, de cette prétendue philosophie, qui est bien moins l'amour de la sa-gesse, qu'elle n'est l'amour des paradoxes et des erreurs les plus pernicieuses.

Vous, premier pasteur, vous, respectable prélat du diocèse de Bayonne, vous qui avez montré un si rare discernement en accordant toute votre confiance à l'abbé Lamarque, que nous ne crai-gnons pas de proposer pour modèle à tous les ec-clésiastiques, permettez-nous de vous interroger; permettez-nous de vous demander, si par votre douleur et par vos regrets, vous n'avez pas fait le plus touchant, le plus bel éloge de l'abbé Lamar-que; éloge encore plus flatteur, même que celui que votre choix et votre confiance en avoit fait,

long-temps avant son décès ? Vous tous, prêtres
du vaste diocèse de Bayonne, vous tous qui l'avez
connu, vous tous qui avez si souvent entendu ses
touchantes instructions, pendant les courses apostoliques dans lesquelles il accompagnoit Mgr l'évêque, vous tous qui avez pu juger par vous-mê-
mes avec quels succès il savoit faire entendre et
goûter la parole divine, vos regrets, de ne le plus
voir au milieu de vous, ajouteront encore à l'éloge
que les regrets du vertueux prélat ont consacré à
cet homme vénérable. Vous tous prêtres du ci-
devant diocèse d'Aire, vous tous qu'il a élevés,
vous tous qui avez eu l'avantage d'être formés, depuis votre première jeunesse, jusques à l'âge le
plus avancé, par ses exemples, par ses leçons, et
par ses lumineuses et saintes instructions ; de
quels chagrins, de quelle douleur vos ames
n'ont-elles pas dû être accablées quand vous ap-
prîtes que la mort venoit de briser ce vase d'é-
lection, qui répandoit au milieu de vous la
bonne odeur de toutes les vertus chrétiennes
et sacerdotales ?

Respectable famille, vous tous auxquels il
tenoit par les liens du sang, vous tous qu'il ché-
rissoit, comme il étoit chéri de vous, vous tous
parmi lesquels il entretenoit l'union et la paix,
vous tous qui le preniez pour votre conseil et

votre guide, combien de fois ne vous a t-il pas déjà
fallu appeler à votre secours notre sainte religion, invoquer ses consolations, pour modérer
vos regrets. Ses vertus, qui sont depuis des siècles
le patrimoine de votre famille, ses vertus doivent
puissamment modérer vos chagrins et vos justes
douleurs; ses vertus doivent vous être de sûrs ga-
rans de la place éminente dont il jouit dans la Jérusalem céleste, ainsi que du bonheur ineffable
dont il jouit par la présence de ce Dieu miséri-
cordieux, juste et puissant, au service duquel il
a consacré tous ses talens et tous ses momens.

Ombre respectable et chère, vos vertus me pré-
senteront toujours d'utiles et saints exemples; vos
vertus, vos bienfaits, les sages conseils par lesquels vous m'avez guidé, par lesquels vous avez
affermi mes pas dans la carrière que j'allois entre-
prendre de parcourir, seront toujours présens à
ma mémoire. Dans toutes les circonstances de ma
vie, dans toutes mes courses apostoliques, j'aurai
toujours mes regards fixés sur votre zèle, sur vos
vertus, pour les imiter : je ferai tous mes efforts,
pour me conduire suivant vos saints exemples; je
vous prouverai, et mon respect pour votre mémoire, et ma reconnoissance pour vos salutaires
leçons, en m'interdisant toute action qui auroit
pu vous déplaire si j'eusse eu le bonheur de con-

tinuer d'agir sous vos auspices et sous vos regards paternels.

Ombre chérie, toi qui du haut des cieux peux lire dans les secrets replis des cœurs, vois la sincérité de mes regrets, vois combien sont cuisans mes chagrins, vois par la vivacité de mes peines combien elles doivent encore durer. Reçois avec cette indulgence, avec cette bonté qui donnoient un nouvel éclat aux vertus qui embellissoient ton ame ; reçois l'hommage que je te consacre ; reçois-le cet hommage, que j'aurois voulu rendre plus digne de toi, comme une preuve de la sincérité de ma reconnoissance, de mon respect, de mon attachement, et de mon admiration pour tes éminentes et rares qualités.

Tandis que je cherchois à calmer mes douleurs, en composant l'éloge de M. l'abbé Lamarque, j'éprouvai le malheur de perdre un autre ami, non moins respectable, un autre protecteur, aussi recommandable , M. l'abbé Bilhère , supérieur des Missions étrangères. Ce vertueux ecclésiastique avoit dirigé les premiers pas de l'abbé Lamarque (1), et j'ai cru que les ames chrétiennes verroient avec satisfaction réunis dans un même ouvrage, les noms et les éloges de ces deux hommes qui ont travaillé si long-temps avec tant de courage, de persévérance et de succès, à féconder la vigne du Seigneur, à lui faire porter des fruits pour l'immortalité.

J'avois déjà publié, dans le *Journal des Curés,* la notice sur la vie de M. l'abbé Bilhère, que je joins ici. J'ai cru que les lecteurs verroient avec plaisir cette notice reparoître dans cet ouvrage. On ne sauroit trop multiplier les écrits qui peuvent contribuer à l'édification, ainsi qu'à l'instruction des serviteurs de Dieu, en leur présentant des exemples à suivre, des modèles de bienfaisance et de vertu à imiter.

---

(1) Ces deux saints prêtres ont vécu, pendant plus de 60 ans, dans la plus intime amitié.

NOTICE HISTORIQUE

SUR LA VIE ET SUR LA MORT

DE M. L'ABBÉ BILHERE,

SUPÉRIEUR GÉNÉRAL DES MISSIONS ÉTRANGÈRES.

M. l'abbé BILHÈRE naquit au mois d'octobre 1723, à Saint-Loubouer, département des Landes, de parens investis de l'estime et de la considération publiques. Ses succès dans l'étude, et ses progrès dans la piété, présagèrent de bonne heure ce qu'il seroit un jour. Elevé au sacerdoce, il remplit pendant trente années les fonctions du ministère évangélique, en qualité de professeur, de curé, de missionnaire, de directeur du séminaire d'Aire (département des Landes), et de grand-vicaire du ci-devant diocèse d'Oleron. Dans ces différentes fonctions, il manifesta toujours un saint zèle pour la propagation de la foi et pour le maintien de la discipline ecclésiastique. Il faisoit aimer la religion par l'onction de ses discours; il la rendoit respectable par ses mœurs dignes des premiers temps de l'Eglise. Sévère jusqu'à l'excès pour lui-même, il compatissoit aux chutes des foibles et des fidèles qui ne marchoient point d'un pas assez ferme dans les sentiers de la justice. Il les exhortoit, il les encourageoit, de manière à leur faire reprendre, avec plus d'assurance, la route que leurs chutes auroient pu leur faire abandonner sans les secours efficaces d'un si grand maître dans la science du salut.

Le diocèse d'Aire (faisant aujourd'hui partie de celui de Bayonne) étoit trop circonscrit pour suffire au zèle de cette ame ardente et toute de feu pour la sanctification des ames. Il sollicite de son vénérable évêque la permission de quitter des contrées qui lui étoient chères, et dans lesquelles il avoit répandu, avec tant de succès, la semence de la divine parole. Le pontife ne peut d'abord consentir à se priver des secours qu'il trouvoit dans le zèle, ainsi que dans les talens de M. l'abbé Bilhère. Conduit par la Providence, celui - ci insiste; le prélat, qui reconnoît la volonté du Tout-puissant, consent enfin à cette pénible et douloureuse séparation.

M. Bilhère part et arrive à Paris. Fidèle à sa vocation, il se rend au Mont-Valérien, pour s'associer aux prêtres du Calvaire, communauté respectable, dont le but étoit de répandre les vérités de la religion, et de faire aimer tout ce qui nous fait participer au mystère de la croix. C'est de cette maison sainte que, pendant plusieurs années, il dirigea ses pas vers les villes, les villages et les séminaires, pour faire entendre des discours de consolation aux affligés, des paroles d'espérance et de paix aux âmes qui gémissoient sous le poids de leurs craintes et de leurs remords; pour tracer aux jeunes lévites les routes qu'ils avoient à suivre, afin de devenir des ouvriers utiles dans la vigne du Seigneur; enfin, pour raffermir les prêtres eux-mêmes dans la constante pratique des vertus sacerdotales.

Les membres respectables de la congrégation des Missions étrangères, frappés des vertus ainsi que du rare mérite de M. Bilhère, s'empressèrent de l'aggréger à leur sainte institution, dont l'objet est de propager la foi dans les pays infidèles, dans les régions les plus barbares, et parmi les peuplades les plus profondément plongées dans les ténèbres de l'idolâtrie. Le choix de ces dignes successeurs de l'apôtre des Indes (saint François-Xavier) fut complètement justifié.

Ces saints missionnaires offrirent le tableau des vertus les plus sublimes et le spectacle du zèle le plus ardent pour la gloire du Seigneur, jusqu'au moment où ils furent forcés de quitter ce célèbre asile d'où étoient partis tant d'apôtres, brûlans du désir de faire entrer dans l'Eglise de Jésus-Christ des peuples qui, endormis dans la nuit de l'erreur, n'avoient jamais eu le bonheur d'entendre des paroles de vie, de la bouche des ministres de celui qui est le principe de la vie.

Pendant ces temps orageux, où la France étoit en proie à l'irréligion, aux troubles, aux factions, NAPOLÉON paroît, l'anarchie cesse, l'ordre se rétablit, nos autels sont relevés. L'institution de François-Xavier se rétablit avec un nouvel éclat. M. Bilhère est nommé supérieur général.

Malgré son grand âge, il n'a jamais cessé de remplir toutes les fonctions du saint ministère. Il confessoit, et avoit au nombre de ses pénitens beaucoup de jeunes gens qu'il avoit rappelés dans les voies du Seigneur, ou qu'il affermissoit dans les sentiers de la justice. Il donnoit des retraites aux ecclésiastiques. Il annonçoit la parole de Dieu avec cette onction pathétique qui subjugue les auditeurs, et contraint de suivre les sentiers qui conduisent au salut.

Il se préparoit à prêcher la passion du soir dans la paroisse (succursale) des Missions étrangères, lorsqu'il fut attaqué, le 25 mars, d'une fluxion de poitrine qui eut, dès l'abord, les symptômes les plus alarmans. Le pasteur si éclairé et si chéri de cette paroisse, M. Desjardins, directeur du séminaire, lui administra les sacremens. Qu'il dut ver-

ser de consolations dans l'ame du malade, lorsqu'il lui dit que ce qui devoit pénétrer son ame
d'une sainte confiance, c'étoit la considération de
toutes les ames qu'il avoit converties à Dieu, ou
qu'il lui avoit conservées; que ces ames saintes
étoient pour lui autant d'intercesseurs, de protec-
teurs puissans....! Cette exhortation si touchante
fit couler des larmes des yeux de tous les specta-
teurs. M. Bilhère, animé de cette foi vive qu'il
avoit fait naître dans les cœurs de tant de person-
nes, dont il avoit dirigé les consciences, montra,
dans ce dernier acte si solennel de la vie de
l'homme, une résignation et un courage qui ne
peuvent exister, à un si haut degré, que dans le
cœur d'un héros chrétien.

Après cette scène si touchante, les progrès de la
maladie parurent un peu suspendus. Quelques
rayons d'espérance renaissent dans les ames de ses
amis. Mais, hélas? ces rayons s'évanouissent pres-
que aussitôt. Le 29 mars, à six heures et demie
du matin, M. le curé qui l'avoit administré deux
jours auparavant, lui récita les prières des agoni-
sans, et lorsqu'il prononça ces mots *emisit spiri-
tum*, M. Bilhère expira. M. Desjardins, con-
traignant la douleur que ne pouvoit manquer de
faire naître dans son ame la perte d'un ami si respectable, d'un ecclésiastique aussi modeste que

savant, d'un ministre si utile à la religion, dit aux assistans : « Notre vénérable père est jugé, il vient « de recevoir du Tout-puissant les palmes immor- « telles, digne récompense de ses travaux aposto- « liques et de ses vertus. Profitons de ses exemples « et de ses instructions, afin d'obtenir de mourir « comme il est mort ».

C'est ainsi qu'a terminé sa carrière, à l'âge de 86 ans, M. Bilhère, supérieur général des Mis- sions étrangères. La religion pleure un défenseur intrépide, l'humanité souffrante un consolateur, et moi un père et un ami.

F I N.